Secrets pour les influenceurs:

Hacks de croissance pour Tik Tok

Table des matières

Guide complet pour gagner des followers et monétiser Tik Tok

L'un des réseaux sociaux ayant le plus grand impact aujourd'hui est Tik Tok, depuis 2019 sa popularité n'a pas cessé de croître, dépassant même toutes sortes d'attentes, cette plateforme est constituée d'une cible jeune dédiée aux adolescents, puisque 80% des utilisateurs ont entre 13 et 25 ans.

La portée de ce réseau social a fait qu'il est devenu la cible de nombreux influenceurs. Pour cette raison, si vous cherchez à établir une grande présence et à obtenir des adeptes, vous devez connaître en profondeur tout ce qui se cache derrière ce réseau social afin de pouvoir entreprendre avec style.

Découvrez tous les détails de Tik Tok

La possibilité de croissance personnelle dans Tik Tok est entre vos mains, c'est un réseau social dédié aux vidéos qui est devenu l'un des plus téléchargés, donc aujourd'hui c'est un grand besoin d'obtenir plus de connaissances pour explorer toutes les possibilités lors du partage de contenu original.

L'utilisation de ce réseau social est disponible à la fois pour Android et IOS, permettant un large réseau d'utilisateurs actifs, qui peuvent profiter et partager des vidéos de 15 ou 60 secondes maximum, sa dynamique est basée sur une fusion entre les stories Instagram avec Snapchat.

Au milieu de ce réseau social, il y a un large catalogue d'audio et de musique en licence libre pour que les vidéos puissent recevoir ce type d'animation, en plus de cela est disponible l'option d'intégrer votre propre audio et de les partager pour que d'autres utilisateurs puissent les utiliser sur leurs vidéos.

Normalement l'essence de ce réseau social est basée sur le doublage et toutes sortes de scènes, il n'y a pas de limite pour commémorer la scène que vous voulez avec les avantages de cette application, tout cela grâce aux fonctions qui surgissent à travers l'intelligence artificielle, pour commencer à profiter des moyens d'enregistrement.

Il y a deux façons d'enregistrer dans Tik Tok, la première est à partir de l'application elle-même, de sorte que vous pouvez ensuite ouvrir la voie pour intégrer toutes sortes d'effets, d'autre part, vous pouvez également faire l'enregistrement à partir d'une autre application pour télécharger la vidéo à partir de votre propre galerie.

La créativité n'est pas limitée grâce au grand nombre d'effets qui peuvent être utilisés sur les vidéos, tels que des masques, des transitions et des sons, en plus de l'utilisation de hashtags, où la visibilité est gagnée afin que le contenu puisse atteindre plus d'utilisateurs, ce qui explique pourquoi il s'agit d'un média dédié au divertissement.

Quels types de vidéos peuvent être téléchargés sur Tik Tok ?

La base des vidéos Tik Tok repose sur l'utilisation de filtres, d'effets et d'autres outils que l'application elle-même fournit, c'est pourquoi il y a une telle variété de contenu original, chacun peut ajouter sa propre touche pour enregistrer des vidéos et parmi les styles d'enregistrement les plus populaires sont les suivants :

Lecture

La modalité de cette vidéo est d'effectuer l'interprétation d'un audio existant dans cette application, où la dynamique est réalisée avec une grande action de gesticulation de chaque aspect qui est lié à l'audio, de sorte qu'il semble que vous êtes celui qui chante, ce type de vidéo a une grande popularité.

Duo

Une fonctionnalité que Tik Tok fournit et qui est largement utilisée est l'action de duos, avec un autre utilisateur vous pouvez créer du contenu, tout ce que vous avez à faire est de sélectionner la vidéo de l'autre utilisateur, pour enregistrer la vidéo réagissant à celle que vous avez choisie, de cette façon les deux vidéos apparaîtront sur l'écran en même temps.

Ralenti

Grâce à ce type de vidéo, vous obtenez une grande alternative bien connue des adolescents, l'effet est d'enregistrer au ralenti, ce qui est couplé avec l'audio qui est idéal pour ce type d'enregistrement, il s'agit d'une option d'enregistrement un peu complexe, donc Tik Tok les valeurs dans la page recommandée.

Interprétation

Il existe de nombreux types de vidéos de performance sur Tik Tok, celles qui provoquent la meilleure visibilité sur le réseau social sont les vidéos comiques, que ce soit par le biais d'une blague ou d'une histoire inventée, l'important est que la narration puisse être faite de manière exagérée afin que ce type de charisme puisse accrocher les autres.

Trucs et astuces / enseignement

La communauté Tik Tok est passionnée par l'apprentissage, donc pour se démarquer de la concurrence, c'est un moyen optimal, où vous pouvez expliquer rapidement un sujet tout en gardant un rôle divertissant, c'est idéal pour partager des recettes et aussi pour générer une critique sur un film préféré.

La popularité de Tik Tok

L'attention qu'apporte un réseau social comme Tik Tok repose sur le fait qu'il se concentre sur tout ce qui vous intéresse, son fonctionnement est complètement étendu pour se concentrer sur la section des favoris, ce qui donne aux utilisateurs l'avantage de se débarrasser du contenu qui ne leur plaît pas.

Les pouvoirs de Tik Tok vous permettent de sélectionner l'option "Pas intéressé" pendant longtemps, envoyant ainsi un signal direct que vous ne voulez plus tomber sur ce type de contenu.

Cependant, les options ne s'arrêtent pas là, car vous pouvez cacher une sorte de contenu spécifique, de sorte que ce qui est en dehors de vos intérêts ne puisse pas devenir gênant, bien que cela s'ajoute à la considération qu'en limitant et en optimisant l'expérience sur le réseau social cela influence la séquence de vos vidéos.

L'utilité de Tik Tok dans votre marketing de contenu

Toutes les étapes que Tik Tok a dépassées sont présentées comme des raisons importantes de se passionner pour l'essai d'un objectif publicitaire sur la plateforme, car les groupes et l'audience sont une brillante occasion de présenter vos aspirations à la croissance, car vous serez en mesure d'atteindre tous les types de clients, indépendamment du pays ou de l'entreprise.

Ce n'est pas une simple plateforme de mode, mais c'est un média massif qui convient à tous les types de marques, vous pouvez donc entrer dans n'importe quel foyer, groupe social, il n'y a pas de limite, d'autre part il y a certains formats publicitaires qui fonctionnent comme une grande augmentation de l'interaction.

Tous les efforts de marketing des médias sociaux s'inscrivent dans le cadre de Tik Tok, même pour le B2B, ce réseau social a un énorme attrait, surtout si votre public cible est présent sur Tik Tok, pour interagir de manière réelle et présenter le sujet de votre secteur d'activité d'une manière plus créative.

L'intégration de la vidéo dans toute réclamation commerciale est un must, surtout pour que votre entreprise devienne un média influent, où le produit ou le service peut être montré en l'utilisant dans la vie réelle, c'est une grande opportunité de faire de la publicité avec style, en atteignant une base d'utilisateurs avec des dynamiques et des outils.

Tik Tok pour les entreprises et ses avantages

Le pouvoir que Tik Tok a généré rompt avec tous les schémas, c'est pourquoi il est une cible pour de nombreuses entreprises parce qu'elles peuvent atteindre ce grand nombre d'utilisateurs qui continuent à utiliser l'application plusieurs fois par jour, avec ses métriques d'utilisation, il devient une métrique de premier niveau par rapport aux autres réseaux sociaux.

L'option d'humaniser une intention commerciale par le biais de ce réseau social est une réalité, notamment en raison du haut niveau d'engagement que vous pouvez obtenir grâce au contenu créé, puisque la portée organique est du plus haut niveau pour atteindre loin indépendamment du petit nombre de followers que vous avez.

Il est très facile de générer une vidéo virale avec cette plateforme, surtout lorsque les vues et l'interaction sont garanties, en plus d'entreprendre un nouveau compte est récompensé par l'application, il est très perceptible le pouvoir qui découle de cette plateforme pour une marque de se développer.

La création de vidéos doit être ludique et cela permet de motiver de manière claire toute prétention commerciale, on peut également diffuser des cours et toutes sortes d'activités qui génèrent une grande interaction, ce genre de présence est un ton plus convivial pour gagner en attractivité, à cela s'ajoute la possibilité d'intégrer le marketing de contenu.

Tik Tok PRO (analytique)

Le type de compte PRO dans Tik Tok est une modalité que très peu connaissent, c'est une offre spéciale pour les influenceurs, les blogueurs et aussi pour les marques, grâce au fait qu'il fournit des informations détaillées sur les statistiques que vous présentez dans l'application, afin que vous puissiez mesurer vos progrès.

En utilisant ce type de données, vous pouvez vous concentrer sur l'amélioration et la compréhension de la force du type de contenu que vous partagez, ce type d'informations est une excellente occasion de suivre la croissance au sein de cette plate-forme, il devient plus facile d'atteindre la popularité dont vous avez envie en sachant comment faire.

Une fois que vous avez créé votre compte, et que vous avez défini un type de catégorie, vous pouvez suivre de près les analyses directes sur le compte, tant les visites que les abonnés, le contenu est également étudié en voyant les likes, les visites et l'audience, en plus de l'option de faire de la publicité dans l'application.

Avec ce type d'information provenant de l'application, vous pouvez effectuer une analyse exhaustive, pour ne pas perdre le pas vers ce compte compétitif dont vous avez tant besoin, vous pouvez également développer des stratégies publicitaires dédiées à ces données, les statistiques sont affichées pour évaluer plus clairement les performances.

La dynamique de popularité est ajoutée comme une autre donnée que vous pouvez facilement voir, montrant ainsi l'impact que votre contenu a, en plus de la compréhension qui en découle pour concevoir une meilleure image au public cible, c'est une meilleure définition de ce que vous voulez et ce que vous recherchez.

Une fois que vous avez un compte PRO, pour l'utiliser au maximum, vous pouvez continuer à publier ou à partager du contenu qui est idéal pour votre marque, c'est-à-dire créer du contenu qui fournit des nouvelles sur le secteur ou la catégorie dans laquelle vous travaillez, ainsi que des conseils puisque la communauté est très attentive à apprendre.

D'autre part, vous ne pouvez pas perdre de vue les histoires à humaniser, avec l'empathie vous pouvez renforcer de meilleurs liens avec la communauté, le type de contenu qui provoque une meilleure réception est le court, surtout si elles sont des tutoriels, de valoriser le temps et la simplicité, l'important est d'être compris.

Une fois que vous aurez réussi à susciter la curiosité à l'égard de votre marque, il ne fait aucun doute que vous aurez un grand nombre d'adeptes, et vous pourrez leur proposer des défis constants pour qu'ils ne se détachent pas de votre compte, n'oubliez pas qu'il s'agit d'une plateforme de divertissement, la valeur que vous devez rechercher est donc orientée vers ce domaine.

Des défis Tik Tok dédiés aux entreprises

Compte tenu du nombre élevé de téléchargements que Tik Tok a généré en peu de temps, il s'agit d'un réseau social qui invite quotidiennement un grand flux d'interactions et qui est donc précieux pour une entreprise, bien que la question de savoir comment améliorer l'exposition d'une marque dans Tik Tok se soit sûrement posée, cela signifie relever un défi clair. Vous pouvez utiliser les défis de Tik Tok à votre avantage pour vous développer dans l'environnement numérique. Bien qu'il s'agisse encore d'un environnement fertile et en cours de production en ce qui concerne la publicité, une multitude d'opportunités se présentent aux marques pour atteindre une autre classe de taille jusqu'à une campagne de premier ordre.

Les défis de Tik Tok sont façonnés par la vaste culture des mèmes, car il s'agit d'un contenu résultant du marketing des médias sociaux, donc de plus en plus de marques rejoignent une tendance utilisant cette forme d'expression ou de contenu, cette combinaison de texte et d'images a une autre valeur dans Tik Tok.

Les mèmes vidéo deviennent une meilleure dynamique, afin de ne pas perdre le divertissement au détriment de tout message commercial. Le défi pour une entreprise est donc d'unir ses objectifs avec du texte, du son et du mouvement qui servent en quelque sorte de performance.

C'est le moyen pour un projet commercial d'être le protagoniste au sein de ce réseau social, il est donc une obligation pour une marque de commencer à investir en établissant un plan de publicité sur ce média social, dans une ère numérique dominée par la capacité spéciale du contenu qui est partagé sur Internet est une grande opportunité à explorer.

Dans Tik Tok, il existe un grand nombre d'alternatives à des fins commerciales pour obtenir la portée que vous souhaitez, où des sons personnalisés peuvent être utilisés en votre faveur pour générer une grande impression et atteindre chacun des utilisateurs qui utilisent cette application.

Pour trouver l'impact idéal au sein de Tik Tok, il est absolument nécessaire de soigner chaque mesure organique, d'être attentif à ces poussées qui se traduisent par un grand nombre de followers et surtout d'interactions, ainsi votre vidéo devient une opportunité pour développer une entreprise ou tout autre objectif.

Il y a trois façons de trouver le défi qui est le plus compatible avec votre marque :

Recherchez la page Pour vous

Il s'agit d'une exploration complète sur For You pour trouver de nombreuses suggestions liées au contenu que vous pouvez apprécier, cette section est très variable au fur et à mesure que vous commencez à suivre des comptes, c'est une zone similaire à la page "Explore" que possède Instagram, il est important de prendre soin de cet aspect.

Il est important de s'assurer que vous suivez des influenceurs qui font partie de Tik Tok et qui sont liés à votre contenu, ainsi vous pouvez identifier le type de contenu qui est publié et peut être utilisé comme source d'inspiration, l'important est d'avoir le pouvoir de recréer dans votre compte la meilleure inclinaison à des fins commerciales.

Suivez les tendances en matière de sons

C'est un moyen idéal pour s'inspirer dans l'action de trouver des défis tendance, car la sélection de sons qui appartiennent à Tik Tok comme ils sont un reflet du sujet qui a le plus de puissance en ligne, en tapant ou en appuyant sur un son, vous pouvez voir les vidéos qui ont vu le jour sur la base de ces sons.

En prêtant toute l'attention nécessaire aux sons les plus utiles, ainsi qu'aux mouvements qui entrent dans la création de la vidéo, vous pouvez obtenir une plus grande incitation à l'inspiration dans tous les sens, ces astuces sont un excellent point de départ pour que le montage puisse suivre le cours commercial attendu.

Comprendre les compilations Tik Tok sur YouTube

Sur YouTube, vous pouvez trouver beaucoup de stars qui transmettent aux utilisateurs un tas de défis bizarres et inédits que vous pouvez mettre en œuvre, de cette façon vous ne perdez pas de vue les concepts récents, c'est pourquoi certaines bonnes compilations Tik Tok vous servent de grande inspiration.

Lorsque vous recherchez du contenu réel, il est important d'effectuer des recherches avancées, cela vous permet également de gagner du temps et lorsque vous avez des idées plus claires qui sont liées à votre marque, vous n'avez qu'à vous renseigner sur le plus pratique et vous conseiller à ce sujet.

Apprenez à entreprendre une campagne de défi Tik Tok

Lorsque l'on est confronté à l'idée ou à l'envie de créer une campagne de défi dans Tik Tok, la chose la plus cruciale est le contexte, en plus de la facilité et de la diversité des mèmes pour créer une vidéo de qualité, car il existe de nombreux aspects pour trouver la bonne inclinaison comme les effets et aussi la possibilité d'inclure des sons réels.

L'essentiel est de connaître le type d'objectif commercial que vous cherchez à promouvoir, puis de penser à une musique

liée ou qui peut être associée à ce secteur, pour passer ensuite à une liste avec le fond et la meilleure récréation pour
émettre un effet nostalgique sur les utilisateurs et le public.

Les étapes à suivre pour qu'une campagne puisse être con-
solidée dans Tik Tok et que votre but commercial soit aut-
hentique sont les suivantes :

Planifier le type de campagne à entreprendre

Il est important que vous puissiez planifier une campagne de
défi qui soit attachée à votre marque, c'est l'objectif principal
de toute une dédicace, de cette façon votre marché cible apprend qu'elle existe comme une proposition commerciale,
mais pour cela la contribution d'un grand nombre de followers
sert de grande présentation.

Pour stimuler les ventes de manière efficace, vous devez toujours penser à la manière de lier le produit ou le service à
l'interaction que Tik Tok postule. La mesure consistant à définir l'objectif principal de toute campagne est donc une étape
élémentaire mais énergique, pour cela vous devez également
ment suivre les tendances en ligne.

Pour travailler avec Tik Tok, vous pouvez compter sur la puissance de Google Analytics, de cette façon, vous pouvez promouvoir un grand contenu et de parvenir à répandre un plus
grand attrait sur les masses, à ce stade est quand il devient

plus important d'exécuter une campagne de marketing de premier niveau, c'est l'approche qui ne peut pas être perdu.

Visualiser la mise en forme d'un défi comme s'il s'agissait d'un concours, c'est une méthode de participation au monde numérique qui ne peut être perdue, cette culture est l'une des plus importantes à apprendre pour ne pas laisser de côté les aspirations à construire une marque polyvalente et moderne.

Planifier le contenu du défi Tik Tok

En tenant compte de l'importance de Tik Tok et des objectifs qui peuvent être établis pour se développer à travers ce réseau social, la prochaine chose à faire est de raconter une histoire qui soit divertissante, afin qu'elle puisse être diffusée dans la vidéo et générer cette lettre d'introduction par l'intention commerciale.

Pour se développer rapidement en ligne, il est essentiel de créer quelque chose de spécial, de cette façon l'attraction ne peut pas être perdue pour n'importe quelle raison, bien qu'il ne peut pas être si compliqué de le reproduire en ligne, sinon le public cible ne sera pas en mesure de rejoindre le défi et l'intention est que chaque adepte le diffuse à ses adeptes.

Tant que le défi peut balayer l'intérêt de tous, il va générer un grand flux organique difficile à ignorer par les adeptes, c'est le lien avec les réseaux sociaux qui causera la marque peut obtenir un niveau très important, pour cette raison tant que vous pouvez analyser le contenu meilleur sort va acquérir.

Choisissez un son approprié dans Tik Tok

Le son à utiliser sur le Tik Tok challenge doit être bien étudié et surtout il faut opter pour un son original, cet élément est fondamental pour que chaque vidéo puisse être émise avec l'importance qu'elle mérite, pour la sélection il faut choisir des films, et des vidéos virales pour trouver des phrases qui se rapportent à votre secteur.

Chorégraphiez chaque étape du défi

Que ce soit par le biais d'un support professionnel ou de votre propre créativité, il est important de définir la star de la vidéo et le type de récréation à capturer, en plus de définir le niveau de difficulté, l'important n'étant pas de perdre la créativité, mais d'émouvoir les gens afin que la vidéo puisse atteindre plus de personnes.

Créez et partagez le défi Tik Tok

En couvrant chacun des mouvements, des sons et le contexte du défi, tout est complètement prêt pour que l'enregistrement ait lieu. Il est préférable de prendre le temps nécessaire pour couvrir chacune de ces étapes en conséquence, l'important étant que le résultat final soit parfait et en vaille la peine.

Il est important de se sentir satisfait de la réalisation de la vidéo, pour cela vous pouvez choisir les meilleures ressources d'édition, c'est un chef-d'œuvre dans tous les sens, afin qu'il puisse se rapporter à d'autres personnes et à chaque coin numérique, constituer des brouillons et demander des conseils de marketing pour attirer un large public.

Les faits que vous devez savoir sur Tik Tok

Au milieu du développement des fonctions de Tik Tok, il existe une grande variété de données qui vous sont utiles pour évoluer au sein de cette plateforme comme le souhaite chaque utilisateur, en ce sens, les suivantes se distinguent : L'application dans son pays d'origine (la Chine), n'a pas le nom ou la dénomination de Tik Tok, mais est connue sous le nom de "Douyin", qui signifie musique secouée en mandarin. L'application répond à un lancement datant d'environ 2016, et a dépassé en un temps record en 2019 la popularité des téléchargements par rapport à Facebook, YouTube, Instagram et Snapchat.

La plupart des utilisateurs de cette plateforme sont des adolescents, ce qui constitue une qualité du public cible, bien qu'il y ait également 27 % de personnes âgées de 30 à 40 ans dont on peut tirer parti.

En Inde, le téléchargement de cette application est interdit et restreint pour des raisons de sécurité, mais aussi pour des raisons culturelles.

L'utilisateur moyen passe 52 minutes par jour sur l'application, et se connecte jusqu'à 7 fois dans ce laps de temps.

Le potentiel de croissance de Tik Tok est une idée pour toutes sortes de stratégies marketing, surtout avec la portée du public cible avide.

Chaque jour, jusqu'à un million de vidéos sont visionnées sur ce réseau social. Il s'agit donc d'un mouvement constant.

L'objectif au sein de ce réseau social change par rapport aux autres plateformes, car il s'agit d'un travail rapide et interactif, car le contenu est beaucoup plus dynamique.

Ce réseau social a une posture globale car il est disponible dans 155 pays, il est donc conçu en 75 langues, étant une niche potentielle pour mener à bien toute stratégie.

La valeur de ce réseau social est estimée à plus de 75 milliards de dollars.

Cette plateforme dispose de modalités telles qu'un compte "Pro", qui vous permet d'avoir un contact avec une analyse de données afin de rechercher une plus grande efficacité au sein de cette plateforme et de fournir le contenu ou la croissance auxquels vous aspirez.

Comment se forme le fil Tik Tok

Gérer correctement le contenu dans Tik Tok est pertinent pour l'algorithme, notamment parce qu'un compte doit avoir une performance élevée pour chaque vidéo afin d'obtenir plus de vues, et cela n'a pas à voir uniquement avec le nombre de followers comme on le pense, la clé est de personnaliser chaque section de contenu.

Cela suscite généralement d'énormes doutes chez les personnes qui sont nouvelles et qui n'ont pas encore interagi avec le contenu. Ce que vous devez faire, c'est sélectionner des catégories qui vous intéressent, qui sont variées afin de correspondre à vos objectifs, il peut s'agir d'animaux domestiques ou de tout autre type de thème que vous avez en tête.

Les informations que vous fournissez à la plateforme sont votre meilleur soutien pour créer un flux initial de haut niveau, en peaufinant ces aspects et recommandations qui sont utilisés comme point de départ pour obtenir une interaction sur les premières vidéos que vous publiez, pour autant qu'elles soient fréquentes et conformes aux actions publicitaires.

Lorsque vous ne sélectionnez pas de catégorie favorite, le réseau social lui-même est chargé de fournir une source générale de vidéos populaires. Désormais, lorsqu'une interaction quelconque se produit, elle devient une base pour le système qu'il utilise pour déterminer vos intérêts et faire des suggestions de contenu.

L'interaction que vous pouvez afficher sur ce réseau social au début pour que les autres vous trouvent est de suivre des comptes, de visualiser les hashtags de votre intérêt, de connaître chacun des sons et des effets, pour entrer dans les sujets tendances il suffit d'aller sur "Découvrir" afin que l'expérience utilisateur génère un flux d'action.

En effectuant ces actions sur le flux, vous paramétrez l'algorithme de Tik Tok pour qu'il travaille en votre faveur, de sorte que lorsqu'un utilisateur tente de trouver une vidéo qui ne fait pas partie de sa cible, celle-ci est seulement écartée afin que vous puissiez définir vos préférences confortablement.

Le véritable joyau de Tik Tok est également la facilité de promouvoir une intention commerciale ou un autre type de site numérique, et cela fonctionne également dans l'autre sens, c'est pourquoi sur Instagram vous pouvez lier votre compte sans aucun problème, plus vous pouvez également obtenir un lien web, étant une grande offre d'entonnoir.

Vous pouvez créer une vidéo avec un message commercial et espérer qu'elle devienne un thème viral, tout cela grâce au fait que les spectateurs pourront visiter votre profil et obtenir des followers ou toute autre action qui suscite l'intérêt, réalisant l'achat que vous attendez, il est donc essentiel d'optimiser la biographie.

L'appel à l'action à votre contenu, se pose à travers le profil, de cette façon vous pouvez confortablement aspirer à la conversion souhaitée se produit, où l'apparence et l'activité du compte sera responsable de parler, il s'agit d'une étape essentielle avant d'entrer dans les autres détails de chaque publication ou diffusion.

De la même manière que vous prenez soin de vos bios Instagram ou Twitter, de la même manière que vous devez utiliser chaque choix de Tik Tok pour grimper vers une préférence d'utilisateur plus élevée, ce type d'éléments intégrés devient un capteur d'attention important qui devient irrésistible.

La comparaison entre Tik Tok et Instagram

La similitude de contenu et d'interaction entre Tik Tok et Instagram, génère de grandes questions sur l'option de réseau social qui est beaucoup plus réalisable en termes de loisirs et de shopping, le point de comparaison se pose avec les histoires, mais dans Tik Tok ils n'expirent pas en 24 heures comme cela se passe avec Instagram.

La véritable similitude de Tik Tok est avec YouTube, principalement en raison de la possibilité de créer et de publier du contenu, bien que dans le cas de l'algorithme du deuxième réseau social est un peu en retard et la vidéo peut ne pas générer l'effet que vous attendez, et encore moins de la façon dont vous voulez.

L'important est que les vidéos ne disparaissent pas, c'est un pouvoir pour continuer à chercher à gagner un peu plus de trafic, même des mois après avoir publié le contenu, donnant une grande opportunité pour les personnes avec peu de followers de grimper pour obtenir des milliers de visites même.

Tik Tok est bien plus qu'une application pour faire des vidéos, c'est devenu un véritable réseau social, où la possibilité de gagner de l'argent se présente, c'est donc une grande attraction pour de nombreuses entreprises, et en même temps un environnement de croissance pour un influenceur, de même la présence dans ces médias est importante.

Après que l'application ait reçu quelques menaces, il a été présenté le lancement d'une fonction Instagram similaire à Tik Tok, mais le côté fort de cette application est encore latent par le pouvoir de créer et d'éditer des vidéos pour émettre des résultats d'interaction réelle, surtout pour être un contenu bref et charismatique.

Instagram, quant à lui, se concentre sur l'esthétique, puis il a grandi avec l'intégration des stories, jusqu'à étendre les possibilités d'actions, jusqu'à la présentation d'Instagram TV, où le contenu vidéo atteint 60 secondes, bien qu'il n'accepte que le contenu préenregistré jusqu'au lancement des bobines.

L'édition vidéo qui est présentée sur cette fonction est importante, c'est une compétition qui cherche à prendre une grande similitude avec Tik Tok, comme vous pouvez créer des vidéos de 15 secondes, ces clips peuvent être formés en étant enregistrés ou ajoutés depuis la galerie, à partir de cette création vous pouvez faire toutes sortes d'effets, sa fonction est très facile.

Tik Tok a la fonction de partager vos vidéos sur Instagram, grâce aux bobines, tout le processus devient beaucoup plus facile que vous ne le pensez, ainsi le contenu peut être installé sur Instagram pour gagner plus d'attraction, et même augmenter le nombre de followers, c'est un grand pouvoir d'avoir les deux plateformes.

Trucs et astuces pour chercher et trouver dans Tik Tok

Une fois que vous pouvez vous associer pleinement aux fonctionnalités de Tik Tok, vous pouvez trouver des options beaucoup plus larges pour vous permettre de trouver et de diffuser le contenu que vous voulez dans cette application, les réponses dont vous avez besoin sont les suivantes :

Cherchez et trouvez une vidéo Tik Tok

Une manière basique de trouver une vidéo se fait en regardant l'écran d'accueil, puis vous pouvez passer aux étapes suivantes :

1. Accédez à Startup par la barre de menu.

2. Ensuite, en appuyant sur le menu, vous pouvez voir en haut les vidéos de tous les comptes que vous suivez.

3. Une fois les vidéos exposées, il suffit de lire celles qui font partie de la tendance ou les recommandations qui ont votre préférence.

Une autre façon d'y accéder est de passer par Discover, ce qui se fait par les étapes suivantes :

1. La principale chose à faire est d'aller dans la rubrique Découvrir via la barre de menu.

2. Vous pouvez sélectionner la vidéo qui apparaît au-dessus des carrousels de hashtags qui font partie de la tendance et également en haut, vous pouvez les rechercher.

La troisième façon de trouver une vidéo est d'aller vers celles qui ont été marquées comme favorites ou celles que vous avez aimées, au moyen de ces actions :

1. Entrez dans "Mon" par la barre de menu.
2. Cliquez sur l'icône de signet pour regarder les vidéos que vous avez mises en signet ou pour les enregistrer comme option de visionnement pour plus tard.
3. Vous pouvez également réintroduire les vidéos que vous avez aimées en vous rendant dans la section dirigée par une icône en forme de cœur.

Lorsque vous trouvez la vidéo, vous pouvez avoir la liberté d'effectuer l'interaction que vous voulez, vous pouvez même réagir pour effectuer une sorte de duo, ou même créer une photo en direct, puisque Tik Tok a beaucoup d'alternatives, mais en dehors de ses options précieuses, vous pouvez trouver des vidéos par le son ou en utilisant les hashtags de votre intérêt.

Cherchez et trouvez des vidéos par son sur Tik Tok

Si vous voulez voir ou être inspiré par des vidéos qui utilisent un clip audio spécifique, vous pouvez effectuer ce type de recherche en filtrant le son en priorité, cela devient une réalité après l'étape suivante :

1. Recherchez et sélectionnez la vidéo qui vous intéresse avec un son particulier.

2. Cliquez sur le lien sonore en bas de la vidéo.

3. Une fois sur la page du son qui s'affiche, vous pouvez ajouter le son à vos favoris, le partager, et même trouver l'utilisation originale si elle est disponible, pour commencer à enregistrer une vidéo en utilisant ce son si vous le souhaitez.

Une autre alternative à ce besoin est que vous pouvez trouver des sons en faisant une recherche sur l'écran sous "Découvrir".

Cherchez et trouvez des vidéos par effets sur Tik Tok

Pour voir beaucoup d'autres vidéos qui utilisent cet effet, il vous suffit de suivre les étapes suivantes :

1. Trouvez une vidéo qui a l'effet de votre intérêt.

2. Cliquez sur l'effet qui apparaît avec une baguette au-dessus du créateur vidéo.

3. L'action ci-dessus vous amène à la page de l'effet que vous recherchez, vous pouvez donc ajouter cette option à vos favoris, de cette façon vous pourrez la partager comme vous le souhaitez, et même commencer à enregistrer en l'utilisant.

D'autre part, vous pouvez également trouver les effets en cherchant dans l'écran sous l'option "Découvrir".

Rechercher et trouver des vidéos par hashtags sur Tik Tok

Si vous voulez regarder plus de vidéos marquées par des hashtags, vous devez suivre ces directives :

1. Recherchez une vidéo dont le hashtag vous intéresse.
2. Cliquez sur le hashtag au-dessus du titre en bas de la vidéo, où le créateur de la vidéo est identifié.
3. Lorsque vous êtes sur la page de hashtag qui apparaît après avoir cliqué, vous pouvez ajouter celui que vous trouvez idéal pour vos prétentions, puis vous pouvez partager et trouver d'autres types de vidéos qui utilisent ce genre de tags, jusqu'à pouvoir enregistrer une nouvelle vidéo à taguer comme vous le souhaitez.

Comme alternative vous pouvez trouver les hashtags vous pouvez activer la recherche par la voie sur "Discover", comme ils sont des tendances qui émettent le contenu d'intérêt trouvé sur le susmentionné Discover.

Rechercher et trouver un utilisateur sur Tik Tok

Un excellent moyen de trouver un utilisateur est de passer par une vidéo Tik Tok que vous regardez à ce moment-là, pour commencer les étapes suivantes :

1. Lorsque la vidéo montre le créateur de contenu à gauche, celui-ci se trouve au-dessus de la bulle où apparaît sa photo de profil.

2. L'étape suivante consiste à toucher la bulle pour entrer dans le profil de l'utilisateur.

3. Sinon, lorsque vous continuez à regarder les vidéos, vous pouvez toucher l'identifiant qui apparaît dans Tik Tok dans le coin.

Une autre façon de se connecter pour explorer le contenu d'un utilisateur est de découvrir :

1. Entrez dans Discover par la barre de menu.

2. Dans la partie supérieure, vous pouvez rechercher l'utilisateur.

Une fois que vous êtes dans le profil d'un utilisateur de Tik Tok, vous pouvez explorer en profondeur tout le contenu qu'il offre, où vous trouverez toutes les données qui font partie de la crédibilité du compte, en plus vous trouverez de nombreux liens pour aller à leurs réseaux sociaux, à cela s'ajoute la variante d'un profil public qui affiche ces données.

Conseils pour développer votre marque sur Tik Tok

L'important, pour qu'une marque puisse se développer de manière importante sur Tik Tok, est de suivre les instructions des experts ci-dessous :

1. Créez votre propre chaîne et veillez à créer le profil le plus approprié en fonction du type de public que vous recherchez.

2. Obtenez un compte PRO pour avoir accès aux données métriques.

3. Postez des vidéos sur la marque pour montrer une identité plus humaine.

4. Faites des alliances avec des influenceurs pour obtenir un grand impact et que le contenu puisse atteindre plus de personnes.

5. Il est préférable d'avoir un contenu intemporel.

6. Faites partie de la tendance actuelle afin que le contenu soit adapté à la même chose et que vous puissiez devenir viral.

7. Pour commencer, le plus important est de publier 3 ou 5 vidéos par jour, mais en gardant la qualité avant tout.

8. Alternez la durée des vidéos afin de varier le contenu.

9. Commentez les vidéos des autres utilisateurs pour atteindre un plus grand nombre de visibilité.

10. Il prend soin de chaque détail esthétique pour donner la meilleure impression possible.

Controverses au sein du fonctionnement de Tik Tok

Les analystes des réseaux sociaux ont proposé certaines conclusions sur Tik Tok, où ils soulignent qu'il s'agit d'une plateforme beaucoup plus spéciale que ce que beaucoup pensent, car elle a été cataloguée comme l'une de celles qui obtiennent le plus d'informations, et même cela inclut les données personnelles des créateurs.

Pour cette raison, il peut y avoir un certain degré d'inquiétude à ressentir ce genre de vulnérabilité, mais la réponse de Tik Tok a été d'améliorer la sécurité de ses fonctions avec un algorithme conçu à cet effet, où ils ont exposé un engagement clair pour protéger la vie privée de chaque utilisateur.

Bien que l'utilisateur doive faire attention au type d'informations qu'il partage, en cas de doute, vous devez adopter une approche calme et être conscient des points suivants :

Quelles sont les informations que Tik Tok possède sur vous, l'application ne dispose que des données que vous fournissez lors de la création du compte.

Comment Tik Tok utilise l'information de vos données personnelles, dans les conditions indiquent que l'utilisation de vos données sont dirigées vers votre bénéfice, pour créer la suggestion sur ce contenu qui correspond à votre intérêt, en plus de la publicité qui est compatible avec le profil.

Les données demandées par ce réseau social sont la date de naissance, l'adresse électronique, le numéro de téléphone, une description du profil, une photographie ou même une vidéo personnelle, des données extraites de concours ou d'enquêtes, etc.

Dès lors que vous associez Tik Tok à d'autres réseaux sociaux tels que Facebook, Twitter, Instagram ou Google, vous autorisez également Tik Tok à ce que ces informations se retrouvent sur ces plateformes.

Le champ d'application de Disco ver Tik Tok vient à la rencontre des informations des sites web que vous avez visités, cela inclut même les applications que vous avez téléchargées ou achetées dans le but de prendre en compte les intérêts.

L'étude du réseau social s'étend sur l'adresse IP, avec l'historique de navigation, qui est rejoint par les fournisseurs de services mobiles, ce qui correspond à une utilisation publicitaire.

Même les contacts téléphoniques et une liste d'amis Facebook sont pris en compte afin de pouvoir lancer des invitations pour qu'ils puissent se rendre facilement sur la plateforme.

Chacune des données mentionnées est utilisée pour adapter les services et le support à vos besoins, ou sont utilisées afin de respecter leurs conditions, c'est une suggestion pour marquer les intérêts de chaque utilisateur, c'est une connexion qu'ils cherchent à établir pour que les utilisateurs se sentent importants.

Même s'il faut tenir compte du fait que ces informations constituent une protection pour le réseau social lui-même, car elles peuvent mettre en lumière un signe d'abus et limiter toutes sortes d'activités illégales, c'est un moyen d'assurer la sécurité des deux parties et le contrôle reste main dans la main avec les utilisateurs.

Restrictions du contenu de Tik Tok

L'action de l'algorithme de Tik Tok donne la priorité à la question de la sécurité visuelle, donc lorsque vous avez l'intention d'obtenir des followers, il est important que vous ne négligiez pas ces restrictions car votre contenu peut être endommagé par un tel oubli, puisque la plateforme effectue un contrôle clair du contenu diffusé dans le flux.

Une grande variété de vidéos qui ont un impact négatif sur l'utilisateur ne seront pas montrées, encore moins lorsqu'il s'agit d'une procédure médicale qui expose une action trop graphique, encore moins si le sujet est illégal, sans laisser de côté la lutte qui est imposée au SPAM et aux vidéos pour augmenter le trafic.

La plateforme Tik Tok est chargée de mettre de côté les vidéos qui ne respectent pas ces mesures, l'intention est avant tout de promulguer un contenu de qualité, sinon ces effets négatifs se déclenchent, et si cela ne suffisait pas, il existe une option appelée "mode sécurité familiale".

L'action précédente de la sécurité familiale est conçue pour les parents qui cherchent à protéger les mineurs sur un certain type de contenu qui est adapté à leurs enfants, ce type de sécurité remplit également la fonction de limiter qui ils peuvent écrire et qui ne peut pas, et même le temps d'écran est réglementé par cette option.

Comment gagner de l'argent avec Tik Tok ?

La plateforme Tik Tok est une excellente opportunité pour un influenceur de trouver la popularité recherchée sur ce plan numérique et de générer des revenus, notamment parce que l'impact d'une grande communauté est une motivation suffisante pour que les marques recherchent cette opportunité pour commercialiser et promouvoir des produits ou services. La génération d'argent sur ce réseau social devient une réalité, surtout avec l'énorme quantité de téléchargements disponibles dans les magasins d'applications mobiles, si bien que toutes sortes de projets incluent cet environnement pour profiter de sa visibilité, au point de devenir une tendance moderne.

En principe, ce réseau social n'a pas été créé dans ce but commercial, mais en même temps, avec l'utilisation constante, il est devenu une plateforme très conviviale pour la publicité, pour cette raison, il peut être considéré comme une grande alternative, où la création de contenu ouvre la porte pour sponsoriser un produit ou une offre.

L'approche utilisée pour générer des revenus est similaire à celle de YouTube, mais au fil du temps, certaines méthodes ont également été mises en œuvre qui poursuivent ce résultat de monétisation, car il s'agit d'une plate-forme comme une autre avec une possibilité précieuse de gagner de l'argent avec créativité et constance.

Bien qu'au-delà de connaître les alternatives suivantes pour obtenir de l'argent, vous ne pouvez pas oublier le devoir de créer de la valeur, parce que le contenu lui-même devrait être présenté comme une raison de revisiter votre compte que l'intérêt est ce qui fait croître une communauté, vous pouvez commencer à mettre en œuvre ces actions pour croître et monétiser :

Diffusion en direct

L'opportunité offerte par la diffusion en direct, amène les téléspectateurs à suivre de près le créateur de contenu, car au-delà des publications, vous pouvez commencer à façonner cette image en tant qu'influenceur, également à travers ces transmissions peuvent motiver les téléspectateurs à donner des pièces virtuelles appelées "Coins".

En ce sens, Tik Tok est similaire à Twitch, ceux-ci sont achetés par le biais de transactions réelles, en échange de ces dons, les créateurs de contenu peuvent rendre la pareille avec un cadeau ou également soutenir d'autres utilisateurs, c'est une excellente occasion d'éveiller l'empathie et de poursuivre la relation.

Dans Tik Tok, 80% de la valeur totale des transmissions est transférée à l'influenceur, ce n'est pas une fortune énorme, mais c'est une incitation qui peut servir de flux de revenus à considérer, cela ne fait pas de mal d'être inspiré par ce type de reconnaissance ou de contribution.

Marques de sponsors

Dans Tik Tok comme dans d'autres réseaux sociaux il y a un grand intérêt de la part des marques pour promouvoir un produit ou un service, cela est choisi par la marque en fonction du type de contenu que l'influenceur émet, s'il a à voir avec leur marque, aussi quand ils arrivent à démontrer un intérêt clair dans le contenu de valeur et le nombre de followers.

En plus de cela, l'effet démographique est une action commune au sein du monde numérique, elle n'est pas nouvelle mais il faut la prendre en compte pour ce qu'elle représente, car gagner de l'argent grâce aux réseaux sociaux n'est pas aussi impossible qu'on le pense.

Apprenez à diffuser en direct sur Tik Tok

Pour de nombreux utilisateurs de Tik Tok, le streaming en direct est encore un grand mystère, cette fonction est présente par la nature même de cette plateforme où le contenu est publié dans un format court, mais permet également de créer une variété de formats pour attirer le public.

Les fonctions d'enregistrement incluent la diffusion en direct, très peu utilisée par manque de connaissances, mais il est important d'explorer tous les facteurs de cette alternative pour qu'elle soit de votre côté, de cette façon il sera beaucoup plus facile de commencer à générer une plus grande visibilité au sein de ce réseau social.

Une fois que vous avez un compte Tik Tok, vous pouvez opter pour cette transmission de contenu en temps réel, ce qui ajoute une interface importante qui ne génère aucun problème, réalisant l'option de gagner de l'argent, si vous gardez ce désir vivant, il suffit d'avoir 1000 followers, étant un facteur pour les publications.

D'autre part, pour diffuser en direct, il faut être âgé de plus de 16 ans. Une fois ces deux mesures remplies, les étapes suivantes sont nécessaires pour publier en direct :

Installez l'application Tik Tok, soit sur le Play Store, soit sur l'App Store.

Lancez l'application, puis connectez-vous avec vos informations personnelles.

Une fois que vous êtes dans l'application, cliquez sur l'icône "+" en bas, puis allez sur le bouton "Live" à côté du bouton "Record".

Vous pouvez ensuite inclure le titre de votre choix pour la diffusion en direct. Il est important d'être créatif pour attirer plus de followers.

Lors de l'ajout du titre, il est nécessaire d'ajouter le bouton "Broadcast live", afin que la retransmission puisse commencer immédiatement.

Une fois ces étapes accomplies, la transmission en direct commence dans Tik Tok, à la fin de la session il suffit de cliquer sur "End live", puis vous pouvez revenir à l'écran d'accueil, en gérant pour commencer la tentative de recevoir des dons de vos followers comme mentionné ci-dessus.

Pour matérialiser cette façon d'obtenir de l'argent, il suffit de connaître et d'utiliser ces étapes, bien que le fonctionnement des dons réguliers soit différent, puisque les adeptes ne peuvent pas envoyer cet argent directement sur le compte bancaire, mais un pourboire est envoyé par le biais des pièces de monnaie qui ont été acquises par le biais de l'argent liquide.

En ayant une quantité significative de pièces, elles peuvent être converties en diamants, puis transformées en argent réel via PayPal, pour ce retrait Tik Tok vous avez besoin d'un solde de 100 $, cela peut être un processus lent, mais avec un public occupé, c'est une option valable à considérer.

Une fois que vous pouvez mettre votre talent au travail dans Tik Tok vous pouvez profiter de chaque moment pour générer de l'argent, ce réseau social est un moyen idéal pour montrer toutes sortes de compétences, en plus d'autres actions qui vous mènent dans une grande voie vers l'obtention de profits :

Obtenez les 1000 premiers followers :

Pour que la plateforme Tik Tok génère des revenus, il est nécessaire d'avoir 1000 followers, c'est la condition pour les enregistrements en direct, il faut donc télécharger du contenu constamment pour devenir un personnage reconnu, il est préférable d'atteindre et de dépasser ce chiffre.

Ne perdez pas de vue le direct

Il est nécessaire que chaque profil puisse compter sur des vidéos en direct, soit une ou plusieurs fois par semaine, c'est une mesure importante, la fréquence dépend de vous et de vos objectifs, plus il y en a, mieux c'est pour construire une image, mais en émettant un contenu de grande valeur pour répondre aux adeptes avec le meilleur.

Déplacez les adeptes de Tik Tok vers d'autres réseaux sociaux

Une fois que vous avez un grand nombre de followers ou au moins un nombre considérable, il est préférable de se diversifier et de gagner en force sur d'autres réseaux sociaux, cela est utile pour Instagram ou tout type de chaîne YouTube, devenant ainsi un point crucial pour monétiser facilement et même opter pour des modèles plus économiques.

Obtenez des cadeaux avec beaucoup de charisme

Pendant que vous réalisez vos transmissions, il est important de contaminer les utilisateurs avec des sujets tendance et un contenu de qualité, afin qu'ils soient heureux de faire des cadeaux dans lesquels sont mis en évidence les autocollants qui peuvent être utilisés sur la vidéo, dans les cadeaux germent les options d'obtenir de l'argent réel comme un don.

Louez les utilisateurs

La motivation pour avoir des dons est essentielle pour présenter une meilleure émotion, de sorte que tous ceux qui vous suivent peuvent faire des dons comme une sorte de cadeau, et une fois qu'ils se produisent, il est positif de répondre avec gratitude par des chats en direct pour mettre en évidence l'éloge.

Comment regarder des vidéos en direct avec Tik Tok ?

Au-delà de la fonction de streaming en direct, il existe un autre doute sur la visualisation de ce type de contenu. Avant toute difficulté de ce type, il suffit de couvrir les étapes suivantes :

Connectez-vous à l'application Tik Tok depuis votre appareil.

Cliquez sur le bouton "Notification" près de l'icône "+".

Une fois que vous êtes sur la "page des notifications", vous pouvez trouver l'option "Meilleures vies" qui apparaît en haut de l'écran.

Appuyez sur le bouton "Watch" à côté de "Best Lives" pour commencer à lire le flux qui a été mis en direct via Tik Tok et qui s'affiche de manière aléatoire.

La fonction "Meilleures vies" vous permet de parcourir chaque contenu, puis, sur les notifications, vous pouvez accéder à la "galerie principale de vidéos en direct", qui constitue une excellente occasion de regarder des émissions en direct.

D'autre part, lorsque vous recherchez un utilisateur particulier, vous avez accès à des émissions en direct. La disponibilité de ce contenu est présentée par un cercle rouge sur sa photo de profil, ce qui vous permet d'entrer en contact avec ce type de contenu en direct sans aucun problème.

Découvrez comment faire de la publicité sur Tik Tok

Les annonces ont commencé à faire partie de Tik Tok depuis 2019, la première fois que cette fonctionnalité a fait son apparition était par Chris Harihar, étant l'un des partenaires de Crenshaw Communications, il s'agissait d'annonces d'environ 5 secondes, mais dans la plate-forme d'autres types de formats publicitaires sont présentés comme les suivants :

Acquisition de la marque

Les annonces qui sont effectuées par le biais de l'acquisition concernent l'utilisation d'images fixes, de vidéos et également de GIF, ceux-ci peuvent être liés directement sur le site Web, il fonctionne même très bien sur les défis ou le défi au sein de Tik Tok lui-même, lorsque vous voulez mesurer votre portée de cette stratégie ces métriques aident :

Impressions.

Une portée unique.

Clics.

Vidéo native

Les vidéos natives sont utilisées comme des publicités importantes qui ont un impact et sont mesurées selon les actions suivantes :

Engagement : En recevant des "likes", des partages et des commentaires.

Impressions.

Durée moyenne de lecture.

Clics.

Durée d'affichage de la vidéo : Plus de 3 secondes de lecture, 10 secondes et aussi l'achèvement sont nécessaires.

CTR.

Nombre total de vues de la vidéo.

D'autre part, les campagnes vidéo peuvent être conçues pour avoir un impact proche, il en va de même pour les vidéos individuelles, la différence se fait sur la durée, puisque les vidéos Tik Tok durent jusqu'à 15 secondes, tandis que les vidéos natives durent entre 9 et 15 secondes, ce sont des publicités plein écran.

Comme avec Instagram et ses publicités présentes dans les stories, elles peuvent être sautées, une publicité de ce type peut couvrir beaucoup d'objectifs derrière une seule option, car elle peut conduire directement au téléchargement d'applications et peut également obtenir des clics sur votre site web.

Verres de marque

Le fonctionnement des lentilles AR est issu de Snapchat et Facebook, il en va de même pour Tik Tok, bien que son apparition soit temporaire, elle remplit un certain temps et une fonction particulière qui n'a pas encore été offerte dans son expression maximale, pour continuer à compléter la variété des fonctions de Tik Tok.

Contenu gagnant pour Tik Tok

La popularité d'un sujet au sein de Tik Tok peut être étudiée à l'avance pour suivre les tendances existantes, en partant des catégories les plus importantes telles que l'orientation éducative, l'amusement, les relations ou l'amitié, les sujets de santé, la nourriture et surtout la danse, jusqu'à atteindre le contenu motivationnel.

Comme si cela ne suffisait pas, il existe deux domaines très importants au sein des médias sociaux, tels que la beauté et l'artisanat, trouver la voie idéale pour vos objectifs est une étape importante, plus vous pourrez les identifier rapidement et mieux vous pourrez réaliser qu'un contenu peut avoir une portée importante.

Trouver et créer des thèmes pour produire du contenu Tik Tok est une tâche qui permet de postuler une scène active. Cela permet à une niche d'avoir un développement qui est pertinent aujourd'hui, et vous pouvez anticiper des idées originales sur ce domaine.

L'avantage de créer son propre contenu, c'est qu'il permet de capter toute l'attention, en plus d'une grande personnalisation du compte, puisqu'il s'agit d'une application où l'originalité est une exigence clé, ce qui permet de renforcer une présence d'un autre niveau, très utile pour votre marque et pour créer des campagnes.

Le conseil à l'impact avec un grand succès est de s'aligner directement avec le plan, de ne pas manquer l'occasion de faire partie de la tendance, aussi vous ne pouvez pas essayer trop dur dans une création de l'ingéniosité, mais il est préférable de compter sur le coffre-fort, le plus simple et plus lumineux de la vidéo est atteint mettre en évidence cette application.

Comment gagner des followers sur Tik Tok ?

La popularité au sein d'un réseau social est tout, donc dans Tik Tok vous avez besoin d'un coup de pouce supplémentaire pour gagner en présence, en principe l'une des principales stratégies pour cela est l'utilisation de hashtags appropriés en fonction du contenu, cela fait partie d'une planification pour définir le public cible et l'atteindre.

Pour progresser au sein de cette plateforme, il est essentiel de montrer du contenu au public intéressé par ce sujet, en plus de l'obligation d'être constant pour nourrir chaque utilisateur avec une grande proposition qui peut s'adapter à ses goûts, il est basé sur la réalisation de gagner ce genre d'appréciation dans le monde numérique.

La portée organique est présentée en parvenant à présenter certaines vidéos virales, pour atteindre ce type de mesure, il suffit de mettre en œuvre les lignes directrices suivantes, au-delà de toute astuce cela contribue sur votre contenu :

Constancia

Il est important qu'au moment de la publication une fréquence élevée d'au moins 3 ou 5 vidéos puisse être maintenue, mais où la qualité est la priorité, car celle-ci prévaut sur la quantité, au début nous recommandons 2 à 3, à partir de ce point de départ il y a beaucoup de possibilités de succès.

Niche

Au milieu de la trajectoire de Tik Tok, le principal objectif est de former une niche idéale, car c'est l'environnement dans lequel publier des contenus de grande valeur, où le côté ludique ne peut être perdu pour aucune raison, mais peut renforcer le secteur, tout va de pair avec le thème auquel on se consacre.

Un contenu précieux

Il est beaucoup plus spécial d'avoir une section pour votre propre contenu, c'est la bonne façon d'établir votre propre style qui vous fera grandir pour ce que vous offrez, où l'essence à maintenir avant tout est une action totalement frappante qui est établie comme un aimant pour un plus grand public.

Créer un compte actif

Il est important que, dans le cadre de la croissance du compte, vous puissiez répondre à chacun des commentaires afin que l'interaction soit bien entretenue ; par-dessus tout, ce type d'attention est très apprécié et aide le reste des personnes à se connecter à votre contenu.

Propres audios et créativité

Pour offrir un contenu de première classe, vous devez intégrer des actions ingénieuses telles qu'une bande sonore issue de vos idées. Ce type de personnalisation procure un grand plaisir au public car, au final, il s'agit d'un réseau social idéal pour que les autres s'amusent.

Les clés du succès dans Tik Tok

Lorsque vous vous inscrivez dans Tik Tok, vous pouvez entrer dans la section des annonces et tirer le meilleur parti de cet outil, en plus de l'inspection experte du contenu de valeur pour atteindre l'impact à l'ensemble du public d'une manière positive, l'objectif de couvrir ce réseau social exige assez de dévouement pour parier sur tout ce qui est élevé.

Les publicités peuvent être intégrées à partir du flux lui-même, étant une action commune à Facebook et Instagram, il est donc possible d'intégrer une publicité afin de développer une stratégie et une attraction commerciale, en plus d'une grande impression de la conformation du compte avec l'utilisation d'applications et de bots.

La création d'un contenu de qualité est une percée pour atteindre des audiences personnalisées, surtout lorsque les annonces ne nécessitent pas trop d'investissement, en fait l'espace peut être enchéri et les modules de paiement au clic sont ce dont chaque utilisateur a besoin pour se développer dans de grandes magnitudes.

Lorsque vous utilisez Tik Tok, il est important d'étendre ses fonctions au maximum, donc la meilleure clé est d'apprendre à enregistrer de la meilleure façon, en utilisant des astuces et d'autres compétences, vous pouvez enregistrer des vidéos de première classe soigneusement pour répondre à la dynamique principale de ce réseau social, les plus importants sont les suivants :

Zoom avant pendant l'enregistrement

Utiliser en votre faveur le bouton de zoom est un avantage qui est sur cette application, il suffit de déplacer le bouton d'enregistrement au centre de l'écran, ainsi l'action de la caméra pour appliquer le zoom sur l'image est émise pour fournir cet effet que les deux aspirent à mettre en œuvre.

Basculer entre la caméra arrière et la caméra avant

Il vous suffit d'appuyer deux fois sur l'écran pour changer facilement de caméra. L'important est que chaque vidéo soit soignée avec un haut niveau de qualité, tant que vous pouvez tester pleinement la vitesse et les performances de votre caméra, vous obtiendrez de superbes séquences et du plaisir.

Transformez une vidéo Tik Tok en Gif

Si vous voulez partager une vidéo Tik Tok sous la forme d'un Gif pour obtenir une plus grande divulgation, il suffit d'aller sur la vidéo pour atteindre toucher l'option de partage, puis dans la dernière option de l'application vous devez sélectionner l'alternative pour partager comme Gif, vous pouvez également choisir le métrage et il est enregistré dans la galerie.

Comment rendre une vidéo virale sur Tik Tok ?

Pour qu'une vidéo fasse le meilleur buzz et la meilleure impression possible sur Tik Tok afin que de nombreuses personnes parlent de votre contenu, vous devez prendre en compte les points suivants :

Vous avez besoin que les utilisateurs voient votre vidéo à travers la section "pour vous" afin qu'ils puissent vous suivre.

Le contenu doit être reproduit plusieurs fois.

Partagez la vidéo pour obtenir des commentaires et des likes.

La durée idéale pour qu'une vidéo devienne virale est une vidéo courte d'au moins 15 secondes, elle provoque de meilleures sensations qu'une vidéo de 60 secondes.

Une fois que vous pouvez vous conformer à ces points, vous ferez en sorte que votre compte et votre contenu deviennent viraux, au début cela peut sembler compliqué mais c'est un chemin facile avec du dévouement afin que vous puissiez le rendre viral, il est important qu'il puisse avoir un impact positif pour être montré à plus de gens.

Tik Tok analyse l'impact de votre compte lorsque vous générez ou fournissez du contenu viral, donc si vous avez un compte PRO il est plus facile de trouver les métriques que vous devez booster, le plus important est le commentaire, les vues et les partages, gagner dans l'un de ces trois éléments peut être considéré comme viral.

Comment utiliser les hashtags dans Tik Tok ?

Les hashtags qui appartiennent à Tik Tok fonctionnent de la même manière que dans les autres réseaux sociaux, ceux-ci sont intéressants pour représenter le thème de votre contenu, son utilisation remplit la fonction d'atteindre une plus grande portée, cela signifie être plus réactif au public est idéal, être viral avant tout.

Il est important que dans la sélection de ces mots vous puissiez trouver une relation concrète car c'est le moyen d'atteindre le public, pour que tout soit en ordre, les actions suivantes doivent être couvertes :

L'utilisation de hashtags dans Tik Tok est une aide précieuse pour donner une catégorie claire au contenu, l'important étant que les vidéos soient à la portée du public que vous essayez d'atteindre.

Cherchez avant tout à ajouter les hashtags aux vidéos en prononçant ces mêmes mots pour une connexion complète, ce qui permet d'être considéré comme une niche.

Gagnez en puissance en créant vos propres hashtags afin que l'utilisateur puisse être infecté et participer en les utilisant.

Utilisez des hashtags actifs pour avoir l'effet d'une plus grande portée.

Tenez compte de la chanson que vous utilisez car elle est liée à certains hashtags.

Les hashtags temporaires obéissent à des événements ou à des sortes de défis, vous pouvez donc créer le vôtre pour profiter de ce genre d'agitation en faveur de votre propre campagne.

Vous devez effectuer des recherches préalables sur les hashtags afin d'utiliser ceux qui sont en vogue, ainsi que localiser vos concurrents et observer ce qu'ils font.

Il est important de maintenir un équilibre avec l'utilisation des hashtags, car lorsque vous abusez le contenu perd de la valeur, tout doit être appliqué avec sens, tant qu'il a à voir avec le contenu il n'y aura pas de problème, il existe de nombreux outils pour trouver le plus actuel pour votre catégorie et se positionner avec la tendance.

Comment utiliser TikCode pour augmenter le nombre de followers ?

Les options et les amplitudes de Tik Tok ne cessent de croître pour présenter un grand scénario pour obtenir un haut niveau de popularité, c'est pourquoi cette application offre la fonction d'utiliser TikCode de cette façon vous pouvez partager un utilisateur d'une meilleure manière, c'est pourquoi il est important de savoir comment mettre en œuvre cette alternative.

Pour que d'autres personnes vous suivent, l'option TikCode est une excellente action à épuiser pour atteindre le niveau attendu, cela facilite le fait de ne pas avoir à donner ou déli-vrer un utilisateur pour vous connaître, vous devez seule-ment partager le code attribué à votre compte pour être scanné et ainsi atteindre plus de personnes à votre compte.

Le TikCode est un code qui est émis de manière personnali-sée, par ce biais vous pouvez partager ce type de présenta-tion afin que d'autres puissent vous suivre, c'est une exce-llente façon de se faire connaître, et a laissé dans le passé l'action d'écrire ou d'entrer du texte, pour cette raison vous devez seulement pointer l'appareil vers le code.

Le fonctionnement de TikCode fonctionne de manière simi-laire à l'inclusion du code QR, donc quand un scan se pro-duit, immédiatement le profil apparaît afin qu'ils puissent vous suivre dans Tik Tok, ce type de moyen est beaucoup plus efficace et les autres ne peuvent pas perdre de temps mais vous suivre directement.

Les avantages de l'utilisation de TikCode

L'utilisation de TikCode génère des avantages importants afin de profiter pleinement de cette application, les effets les plus spécifiques sont les suivants :

En partageant le TikCode, il n'y a aucun risque qu'ils se trom-pent ou qu'il y ait confusion lorsqu'ils vous suivent.

Vous n'avez pas besoin de dicter ou de taper votre nom d'utilisateur.

Vous pouvez télécharger ce code pour l'imprimer et l'utiliser comme lettre de motivation en toute circonstance.

Avec l'image du code, vous pouvez le partager sur les réseaux sociaux.

Ce type de code est une présentation rapide et ne prend que quelques minutes.

Dans Instagram de la même manière, vous pouvez créer un code QR de la façon dont vous aspirez à atteindre personnaliser votre identité aux médias sociaux, pour ce faire avec le TikCode ne doit être utilisé comme photo de profil ce qui est installé automatiquement, la présence dans chaque réseau social est très important.

Pour utiliser ce code, vous devez créer un accès rapide via le compte Tik Tok, pour entrer dans la section "Moi", cela découle du profil de l'application, puis dans les paramètres de l'application, dans le coin inférieur droit, vous devez toucher ces trois points pour ouvrir la section des paramètres et de la vie privée pour aller à TikCode.

Lorsque vous effectuez ces étapes de paramétrage, vous pouvez voir votre TikCode qui est situé à côté de votre photo de profil, puis en bas vous avez les options pour enregistrer le code QR ou aussi scanner, une fois que vous parvenez à enregistrer le code, vous pouvez télécharger le TikCode comme une image dans votre propre galerie.

Comment fonctionne l'algorithme Tik Tok ?

Le fonctionnement de Tik Tok suscite une grande curiosité et l'attention de nombreux utilisateurs, surtout si vous cherchez à conquérir la popularité au sein de ce média, vous devez donc appliquer certaines astuces pour en savoir plus sur les utilisateurs qui composent cette plateforme.

L'algorithme de Tik Tok est très similaire à celui d'autres réseaux sociaux, bien qu'il présente certaines caractéristiques innovantes, puisque la plupart des plateformes prennent en compte les likes de chaque profil en fonction des interactions et du type de comptes qu'ils suivent, mais dans le cas de Tik Tok, c'est différent.

La méthode de Tik Tok est basée sur l'expérience de l'utilisateur. Ils se sont donc concentrés sur le perfectionnement des recherches, où l'intérêt principal est de connaître chaque utilisateur de près, mais leur examen inclut les moteurs de recherche pour trouver les préférences derrière le contenu et les interactions.

Puisque chaque utilisateur fait un commentaire ou suit un utilisateur, une entrée est générée pour que le système détecte ce que vous aimez, cela fait partie de la connaissance de ce réseau social pour tirer le meilleur parti de ses fonctions en tant qu'outil, l'incursion sur son algorithme est importante.

La différence par rapport à la dynamique des autres réseaux sociaux est basée sur la prise en compte d'autres types de facteurs, c'est parce qu'ils analysent d'autres types de données, en cherchant à approfondir les goûts de chaque utilisateur, c'est beaucoup plus que de connaître un profil, l'intention est d'omettre les informations qui ne motivent aucune réaction sur le flux.

Les principales nouveautés qui ressortent du fonctionnement de l'algorithme Tik Tok sont les considérations suivantes :

L'interaction que chaque utilisateur présente avec les vidéos qu'il aime et partage : le système suit ces actions et même si l'utilisateur atteint la fin de la vidéo ou cherche simplement la suivante, pour générer un classement sur le contenu idéal pour votre intérêt.

Les commentaires faits par un utilisateur : Tik Tok avant chaque interaction apprend à mieux connaître tous les types d'utilisateurs pour avoir l'avantage de trouver rapidement le contenu que vous voulez voir, cela agit comme une sorte de personnalisation.

Dans le cas du contenu généré par l'utilisateur : Le réseau social est chargé de classer chacun des intérêts en fonction du contenu, du style et même du design, tout ce qui est publié dans le flux est considéré comme une sorte d'identité de l'utilisateur.

Informations sur la vidéo : La plateforme effectue une étude approfondie de tous les détails de la vidéo, au sein de laquelle les sous-titres, les hashtags, mais aussi les sons sont pris en compte, tous ces éléments peuvent vous permettre de vous démarquer au sein de ce réseau social, il est nécessaire d'y consacrer de l'attention.

Paramètres de l'appareil et du compte : Les données linguistiques du compte et du pays où vous vous trouvez, ainsi que l'appareil que vous utilisez, sont pris en compte par l'algorithme de Tik Tok, bien qu'ils ne soient pas aussi déterminants que d'autres types de facteurs.

La plateforme Tik Tok émet également certaines études à prendre en compte, car elle parvient à détecter les modèles répétitifs, c'est parce que la principale chose que le réseau social cherche est d'éloigner l'ennui sur les utilisateurs, c'est donc un grand avantage qui est installé pour entrecouper le contenu d'une meilleure façon en comprenant ce que l'utilisateur aime.

Le mouvement principal de ce réseau social fait que vous ne verrez pas de contenu répété, encore moins de vidéos sans son, comme si cela ne suffisait pas, dans le flux exclut toutes sortes de contenu que vous avez déjà vu, ou tout autre qui est classé comme SPAM, il s'agit d'une empathie pour donner la priorité à l'amusement.

L'objectif de ce réseau social est de maintenir l'attachement de chaque utilisateur à la plateforme, il offre également une perspective pour entrer en contact avec davantage d'expériences, la proportion de nouvelles idées et de différents types de créateurs est le thème principal.

Maîtrisez l'algorithme Tik Tok

La formule magique pour obtenir un meilleur positionnement sur l'algorithme Tik Tok est l'estimation suivante :

Obtenez de plus en plus de "likes".

Générer plus de commentaires.

Publiez d'abord avant d'autres contenus similaires.

Pour avoir plus de followers.

Insérez des sons qui sont authentiques ou originaux.

La compréhension de cette mesure contrôle le fonctionnement de ce réseau social pour obtenir le succès escompté, bien que d'autres facteurs supplémentaires puissent intervenir comme l'historique de l'utilisateur, les actions de l'appareil et aussi la localisation, c'est une mesure personnalisée, mais sur la plateforme le plus important est d'obtenir des likes.

Face à une certaine tendance, il peut y avoir une égalité sur une vidéo, et la façon de mettre en évidence l'un d'entre eux est à travers les commentaires, le reste est de considérer le nombre de followers, en plus du filtre d'une langue, le facteur à considérer est la mesure du nombre de vidéos parmi le contenu que vous pouvez créer.

Tant que le son est original, il sera toujours positionné en première place, c'est pourquoi il s'agit d'un environnement entièrement dédié à la créativité, puisque plus vous pouvez innover, meilleurs sont les résultats que vous finissez par produire, c'est une opportunité bien que ces règles puissent être brisées avec des vidéos ayant le label d'officiel.

Des astuces idéales pour vos vidéos Tik Tok

Au-delà du fonctionnement de base de Tik Tok, il est précieux pour vous de connaître des astuces qui ouvrent toutes les alternatives pour couvrir tout ce que le réseau social offre, où les points suivants se distinguent :

Comment enregistrer des duos dans Tik Tok

Une modalité très attrayante au sein des réseaux sociaux est le duo, chaque utilisateur qui peut offrir ce type d'interaction fournit un meilleur impact, surtout quand cela se fait à travers une collaboration avec un influenceur, tout consiste à recréer une vidéo qui a des dialogues, afin que l'autre personne puisse assumer l'autre rôle.

Ce type d'action ou de contenu peut effectivement devenir viral, bien qu'il soit nécessaire d'avoir accès aux vidéos qui ont l'option d'activer les duos, présentant ainsi une impression beaucoup plus amusante, et les adeptes des deux comptes peuvent trouver ce type de contenu pour grandir ensemble.

Comment les réactions se développent dans Tik Tok

Parmi l'importante variété de fonctions de Tik Tok, il y a les réactions, c'est une façon d'interagir qui connecte de nombreux utilisateurs, cela se fait par un simple clic pour atteindre l'option de partage qui est juste dans la section où l'option "réagir" apparaît pour enregistrer le commentaire.

Comment les transitions sont utilisées

L'un des éléments à la mode dans Tik Tok sont les transitions, l'un des effets qui a provoqué des hallucinations sur n'importe qui est le fameux "changement de vêtements", tout cela grâce au fait que ce réseau social permet en une seconde d'obtenir ce type d'effet de manière simple, tout cela est développé au moyen du timer.

Pour enregistrer sur le même clip, il suffit de garder l'appareil dans la même position, puis de commencer à enregistrer la vidéo suivante lorsque vous changez de vêtements, en gardant la même position précédente, de cette façon vous pouvez jouer et explorer avec les transitions, ceci et beaucoup plus peut être fait à partir de Tik Tok.

Toute la variété d'effets est de première classe afin que chaque marque ou objectif personnel obtienne une vision beaucoup plus créative, c'est une façon dynamique de se présenter au monde avec style, c'est une action différente pour montrer un contenu exclusif et qui peut gagner le goût du public.

Comment télécharger vos propres fichiers audio sur Tik Tok

Lorsque vous publiez du contenu dans Tik Tok, vous avez la possibilité d'insérer votre propre audio sans aucun problème, ce type d'originalité est très bien reçu par l'application, il aide à monter à un meilleur taux de trafic, c'est donc une action importante pour avoir le type de visibilité dont vous avez besoin, il suffit de réaliser ces étapes :

Enregistrez une vidéo dans Tik Tok grâce à votre voix.

Placez la vidéo en privé.

Vous pouvez recommencer l'enregistrement vidéo, mais vous devez aller à la vidéo privée qui a votre voix, et vous pouvez commencer à l'utiliser librement.

Vous devez attribuer un nom à la voix car de cette manière vous pourrez la positionner dans Google pour avoir plus d'interaction.

Apprendre à faire du doublage

Le fonctionnement de Tik Tok avec le doublage est intéressant pour conformer toutes sortes de scènes, où la première étape clé est de bien apprendre ce que l'on prévoit de simuler pour pouvoir ensuite s'occuper de le vocaliser librement, tant que vous avez en tête les dialogues vous n'aurez aucun problème.

Il est préférable d'utiliser une vitesse lente pour le son, de sorte que lorsqu'il sera publié, vous obtiendrez une vue à vitesse normale et vous serez au même rythme que l'audio original, de cette façon rien ne peut être manqué, c'est simple mais très efficace ce type d'alternative, donc vous ne renoncez pas à cette interaction.

Comment intégrer du texte dans vos vidéos animées

Ce qu'il y a de mieux avec Tik Tok, c'est qu'à l'intérieur de ses fonctions ou options, vous pouvez facilement ajouter des textes, ceux-ci peuvent disparaître et apparaître sans problèmes, cette personnalisation s'adapte librement au rythme de la musique, une fois qu'elle est enregistrée, sélectionnez l'icône "A" pour l'organiser sur la vidéo, et lorsque vous survolez les dialogues, vous pouvez choisir la durée.

Comment ajouter une voix off à vos vidéos

L'un des effets sympas qu'offre Tik Tok est l'option d'enregistrer librement votre voix off, cette intégration permet à une vidéo d'obtenir un grand résultat, elle est compatible avec les tutoriels, les explications et tout type de scène graphique qui nécessite un accompagnement sonore.

Comment ajuster et modifier une vidéo dans Tik Tok ?

Lorsque vous utilisez Tik Tok, il est important que vous puissiez oublier les applications externes, puisque tout est intégré dans ses options, parmi lesquelles l'édition de clips, avec une importante variété de filtres, fait partie de l'offre de ce réseau social.

Liste de contrôle avant le chargement d'une vidéo

Les étapes précédentes pour faire en sorte qu'une vidéo corresponde à vos attentes et ait une grande visibilité sont très importantes, parmi lesquelles les mesures suivantes se distinguent :

Intégrer une musique avant d'enregistrer la vidéo, la durée prévue est de 15 secondes, sinon elle sera coupée.

Il est important que les textes insérés dans la vidéo puissent occuper une zone centrale ou latérale qui ne puisse pas éclipser le contenu, l'important étant qu'ils se lisent bien.

Inspectez la copie qui fait partie de la vidéo, car après avoir été publiée, elle ne peut plus être modifiée et génère plus d'inconvénients.

Utilisez environ 3 à 6 hashtags afin que la vidéo puisse obtenir la portée et la visibilité attendues.

Il est important d'intégrer la couverture à la vidéo pour attirer l'attention sur le flux.

Il comporte des phrases d'appel à l'action pour susciter des commentaires et des interactions.

Limites présentes dans Tik Tok

Avant de faire partie de Tik Tok il est essentiel de connaître en profondeur les étapes ou les actions que vous ne pouvez pas passer pour éviter les problèmes ; la première chose est que vous ne pouvez suivre que 200 comptes par jour, vous ne pouvez pas ajouter deux sons sur la même vidéo, dans certains cas les effets varient pour chaque type de compte et vous pouvez seulement 500 likes par jour.

Utilise de la musique sponsorisée par Tik Tok

Lorsque vous cherchez un compte avec une plus grande portée, il est important de trouver des audios sponsorisés par Tik Tok, ce type d'audios ont une icône bleue qui signifie qu'ils sont sponsorisés, c'est la meilleure façon de gagner en visibilité.

Les meilleures applications pour obtenir des followers sur Tik Tok

L'apparition d'applications pour gagner des followers dans Tik Tok a beaucoup à voir avec toute l'agitation que ce réseau social a générée, mais il est important de savoir lesquelles sont les plus efficaces ou les fausses, afin de ne pas perdre de temps et de pouvoir grandir comme vous le souhaitez au sein de ce réseau social.

De nos jours, il existe un grand nombre d'applications pour croître de manière exponentielle dans Tik Tok, les méthodes se sont diversifiées chaque jour, l'important est de prendre comme exigence principale que vous obteniez de vrais followers, et sans avoir à payer, ce sont deux estimations à considérer.

Il est important de tenir compte du fait que de nombreuses applications fournissent des followers temporaires, il s'agit donc d'une aide primordiale qui doit être renforcée avec attention et constance pour ne pas être négligée, afin d'avoir un profil et une fréquentation qui vous mèneront sur le bon chemin au sein de ce réseau social.

Dans le Play Store, il existe des milliers d'options pour les applications Android. Pour vous éviter de mauvaises expériences sur ce réseau social, vous pouvez choisir parmi les alternatives suivantes celle qui répond le mieux à vos besoins :

Nouveau BoostLike

Cette application fonctionne en anglais mais cela ne sera pas un problème puisque ses options sont faciles à utiliser, cela

est dû au fait que l'interface est intuitive et répond à vos besoins, grâce à ses fonctions vous pouvez augmenter le nombre de followers et même les likes des vidéos que vous faites.
Plus de 50 000 utilisateurs ont téléchargé et utilisé cette application, et elle ne prend pas beaucoup de place sur votre
appareil puisqu'elle pèse 4 Mo, pour cette raison il existe plusieurs facilités pour l'installation de l'application, et elle peut
être associée à plusieurs comptes Tik Tok en même temps
pour lancer ses fonctions.

Les fans de Tik Booster

Le fonctionnement de Tik Booster fans est idéal pour augmenter le nombre de followers dans Tik Tok, c'est une application totalement gratuite qui aide à gagner des likes et
même avoir de vrais fans pour pouvoir créer un profil idéal
dans ce réseau social, en plus il y a la fonction d'obtenir des
commentaires sur les vidéos.

La dynamique de cette application est basée sur un follow x
follow, il faut donc suivre des utilisateurs qui sont derrière une
liste fournie par l'application, et cela vous renverra instanta-
nément le follow, c'est un échange pour avoir une réelle audience pour avoir un profil beaucoup plus attractif.

Realfollowers.ly

En troisième position se trouve Realfollowers.ly une option très populaire au sein de la communauté des utilisateurs de Tik Tok, cela est dû au fait que son fonctionnement est différent, puisqu'il est chargé d'effectuer et de faire fonctionner une analyse sur le compte et celui de chacun de vos followers pour émettre des recommandations de hashtags.

Lorsque vous faites une publication, vous pouvez utiliser ces balises pour gagner une plus grande visibilité parmi les utilisateurs et devenir un influenceur, le meilleur de tous est qu'aucune inscription préalable n'est requise, même pas nécessaire de fournir plus d'informations sur le compte, il est sûr et vous donne des stratégies pour devenir viral sur ce réseau social.

TikBooster

TikBooster est l'une des applications les plus appréciées pour obtenir des followers, en fait elle est en tête du classement de ce type d'applications sur de nombreux sites web, ses fonctions sont très simples à utiliser, et elle dispose également d'un jeu de cartes intégré, grâce auquel vous attribuez le nombre de fans que vous gagnez et ils sont ajoutés à votre compte en seulement 24 heures.

Pour commencer avec cette application, il suffit d'entrer votre nom d'utilisateur pour que l'application puisse attribuer à votre compte les nouveaux followers que vous avez gagnés, pour cette raison vous ne courez aucun risque, vous pouvez utiliser cette application en toute sécurité et elle est amusante pour son fonctionnement rapide.

TikFame

Au sein de ces applications Android, TikFame surgit pour vous aider à être célèbre au sein de ce réseau social, il vous permet de gagner jusqu'à plus d'un millier de followers réels chaque jour, ses fonctions sont totalement gratuites, en plus de l'extension des recommandations pour vous permettre de gagner un niveau de popularité plus élevé sur ce réseau social.

En utilisant cette application, vous pouvez trouver les hashtags qui conviennent le mieux au thème de votre contenu, cela vous permet de créer de meilleures réactions à vos vidéos et de continuer à grimper dans ce réseau social, un autre type d'astuce qu'elle possède est l'option de simuler vos statistiques pour avoir un profil plus percutant.

TikLiker

TikLiker est l'une des bonnes applications pour se développer sur Tik Tok, si vous cherchez à gagner beaucoup de "Likes" c'est le moyen dont vous avez besoin, il génère également des commentaires sur le contenu que vous publiez sur Tik Tok, dans le cas de gagner des followers cette option est activée par un système de jeu qui attribue vos opportunités.

L'utilisation de cette application est totalement gratuite, au milieu du jeu vous gagnez des pièces qui vous permettent d'effectuer plus de fonctions comme l'analyse de votre profil, en plus de suivre de près votre profil pour émettre des hashtags pour améliorer la portée sur ce réseau social.

Outils Vip

Une excellente application pour avoir un grand nombre de followers est Vip Tools, elle possède des fonctions et des outils importants après un simple téléchargement, sa mission est de vous donner plus de vues, ainsi que des followers ou des likes, à cela s'ajoute l'option d'obtenir des informations sur les autres utilisateurs.

La mise en œuvre de cette application est mise en pratique en entrant simplement le nom de votre utilisateur, pour offrir une grande partie des informations, ensuite vous pouvez compter sur l'action de suivre chacun de ces utilisateurs d'un seul coup ou être encore un peu plus sélectif, les options sont à votre disposition.

Est-il sûr d'utiliser des applications pour gagner des followers sur Tik Tok ?

La plupart des applications ont un niveau de sécurité appréciable pour les utiliser et gagner des adeptes dans Tik Tok, cependant la principale précaution à prendre est de ne pas révéler votre mot de passe pour quelque raison que ce soit, également lorsqu'une publicité ou une option de paiement apparaît il est important de vérifier qu'elle est officielle, la plupart sont gratuites.

Comment obtenir plus de likes sur Tik Tok ?

Pour avoir l'admiration et l'attention d'un plus grand nombre d'utilisateurs sur Tik Tok, vous devez avant tout vous concentrer sur la création d'un contenu de premier ordre, de cette façon vous pourrez avoir un meilleur charme sur vos followers, ainsi vous pourrez commencer à donner à chaque utilisateur ce qu'il veut, plus il y a de contenu plus il y a de likes sur les posts.

Des solutions de piratage pour gagner des adeptes

Pour obtenir un niveau de présence plus élevé sur Tik Tok, vous pouvez utiliser certains outils tiers qui vous aideront à atteindre le niveau que vous attendez, voici ceux que vous devez connaître et utiliser :

Monsieur Média

Media Miser est un allié pour générer une grande présence sur les médias sociaux, chaque compte peut être amélioré avec ces fonctions, ses services sont dirigés vers les utilisateurs de Facebook, Instagram, YouTube et bien sûr Tik Tok, son but est d'obtenir des likes, des followers et même des analyses sur le compte.

Vous pouvez trouver des services promotionnels à travers cet outil, étant une grande contribution pour partager le compte Tik Tok sur d'autres réseaux sociaux et gagner du trafic dans votre contenu, vous devriez connaître cette alternative pour améliorer votre présence dans ce réseau social et le combiner avec votre contenu de valeur.

TikTokFans

C'est une option qui vous permet d'améliorer le nombre de followers et d'avoir ce genre de suivi, ses fonctions sont gratuites et fournissent des statistiques pour que vous puissiez remarquer le nombre de followers en direct, où vous pouvez également comparer la marge de ce que vous avez gagné et l'activité qu'il génère.

Grabsocialer

Grabsocialer est postulé comme un site web qui vous apporte un soutien pour gagner un plus grand nombre de followers, mais c'est aussi un service de marketing dédié à l'hébergement des médias sociaux, cette plateforme gratuite fournit une assistance étendue pour ne pas laisser de côté le devoir de capturer du bon contenu.

Trollishly

C'est un outil dédié à l'amélioration des followers au sein de Tik Tok, il dispose d'un grand choix de forfaits afin que vous puissiez choisir celui qui s'adapte le mieux à vos besoins, en moins d'une heure vous pouvez commencer à profiter des meilleures fonctionnalités pour croître de manière exponentielle sur ce réseau social.

Le cultivateur social

Le Social Grower est un site conçu pour vous aider à obtenir plus de pertinence sur votre compte, ce niveau de popularité que vous recherchez se trouve sur ce site web qui dispose d'importants services de conseil pour trouver également des solutions en matière de conception web et de marketing.

SocialPromoter

L'alternative SocialPromoter se charge de proposer des astuces pour que les utilisateurs puissent augmenter le nombre de likes sur Tik Tok en toute liberté, cette source de service en ligne est une excellente alternative pour réaliser des stratégies marketing pour monétiser les vidéos.

Gourou Tiktok

Utiliser Tiktok Guru est une astuce idéale que vous pouvez employer pour booster votre ascension vers plus de followers, son fonctionnement est totalement en ligne et vous n'aurez pas à faire de téléchargement, vous pouvez donc acheter des likes ou avoir accès à l'abonnement qui correspond à vos besoins.

SMMPortal

C'est un instrument chargé de vous conduire à gagner des followers, en outre il y a plusieurs paquets que vous pouvez acheter pour l'utiliser comme une sorte de renforcement sur les autres plateformes sociales, l'essentiel est que vous pouvez prendre soin de votre présence dans tous les sens.

Où acheter des likes, des followers et des vues pour Tik Tok ?

Les options pour acheter cette interaction que vous devez développer dans Tik Tok sont très diverses et vous devez avoir plus de sécurité pour cela, de cette façon vous pouvez profiter du trafic généré par une application qui fait partie de la tendance mondiale, ainsi vous pouvez profiter de l'ampleur de cette plate-forme pour votre marque.

Tik Tok est une application qui vaut la peine d'être investie, elle dépasse Facebook, Instagram et Twitter, et c'est plus simple parce que c'est un service de partage de vidéos, il ouvre une grande opportunité d'être créatif et de développer un message commercial ou votre propre carrière en tant qu'influenceur.

Les données de la BBC montrent que ce réseau social rapporte un revenu annuel de 26 à 32 000 dollars, c'est donc un profit qui devient une grande attraction pour c'est une grande option pour investir en achetant des likes, des vues et des followers, ce sont des actions de base qui vous font décoller au meilleur sens.

Mais l'effet de divertissement devient aussi attractif, ainsi que la possibilité de générer de l'argent, mais pour cela il faut travailler et opter pour tous les moyens pour grimper vers une grande quantité de "likes", de vues et de followers, c'est la formule qui vous permettra d'avoir plus de présence et vous pouvez y investir à travers ces options :

TokSocial

L'alternative TokSocial est un excellent moyen pour vous de trouver des services qui ne font pas de spam, avec cette action vous n'aurez pas à vous soucier de faux followers, tout cela grâce au fait que seuls les vrais comptes suivront votre compte, pour cette raison c'est un outil payant qui génère des garanties.

Tik social

Cet outil garantit que vous continuerez à croître au sein de ce réseau social, vous pouvez passer à un autre niveau avec les résultats de la présence qui fournit, aussi vous n'aurez pas à vous soucier de tout doute, comme ils exposent un soutien inconditionnel, cela est couplé avec un système de livraison rapide pour vous de continuer à croître dans le monde de cette plate-forme.

Viraholic

La capacité de Viraholic vous aide à obtenir un autre niveau d'impression grâce à ses différents forfaits de services, ceux-ci peuvent être TikTok Starter, TikTok Influencer ou TikTok Future Star, les prix sont variés en fonction de chaque fonction offerte par ces forfaits, ainsi vous pouvez choisir avec confort.

TokUpgrade

Une excellente recommandation pour trouver des likes, des vues et des followers sur Tik Tok est TokUpgrade, c'est une excellente plateforme pour le marketing, c'est l'un des sites les mieux cotés, vous pouvez trouver des réponses pour vos vidéos afin de vous mettre à niveau et même élargir votre audience en ligne.

Leo Boost

Leo Boost est l'un des services particuliers en raison de ses méthodes de paiement, car il n'a pas la disponibilité avec PayPal, mais il est encore une grande option pour retenir plus d'interaction, surtout quand vous cherchez à se développer en tant qu'influenceur, c'est un bon début pour que votre canal soit idéal.

Po musicalement

Cette entreprise n'est pas très connue sur le marché mais si vous cherchez des options bon marché, c'est la solution, puisque leurs coûts commencent à partir de 1,99 $ où les services sont gérés rapidement afin que vous ayez une livraison faisable, vous devriez prêter attention à ce site web pour créer une identité dans Tik Tok,

Tik Tok fait tomber toutes les barrières

Le fonctionnement de l'application génère une forte dépendance surtout ces dernières années, où elle présente un fort potentiel pour être une plateforme idéale où vous développez des formes de marketing qui s'adaptent à votre thème, et surtout c'est la présence dans les réseaux sociaux dont vous avez besoin.

Le contenu de valeur de Tik Tok peut vous transformer en un grand influenceur, ainsi qu'aider une marque à atteindre le niveau que vous attendez, tout cela grâce à la connexion créative qui se produit avec chaque utilisateur directement, surtout pour l'accompagnement qui peut être fait avec des produits publicitaires.

Pour atteindre plus d'endroits dans le monde, ce réseau social est une alternative brillante, où la chose principale est de prendre en compte votre offre pour explorer les fonctions de cette application, en créant ce nexus, vous pouvez croître et monétiser dès que possible, où la chose essentielle est de garder le compte rempli de contenu.

Avec autant de marchés émergents, il est important de considérer ce type d'application, car votre contenu peut devenir viral avec très peu d'efforts par rapport au passé, la publicité a innové à un haut niveau avec l'inclusion de la vidéo, afin de

ne pas submerger le public, mais plutôt d'être agréable et
d'atteindre l'effet escompté.

Autres titres de Red Influencer

**Secrets pour les influenceurs : Growth Hacks pour Ins-
tagram et Youtube.**

Secrets pratiques pour gagner des abonnés sur Youtube et
Instagram, créer de l'engagement et multiplier la portée.

Vous commencez à monétiser sur Instagram ou Youtube ?

Dans ce livre, vous trouverez des astuces pour augmenter votre portée. Des secrets pour des influenceurs directs et clairs tels que :

Automatiser les posts Instagram
Comment générer du trafic sur Instagram, 2020 astuces
Algorithme Instagram 2020, apprenez tout ce que vous devez savoir.
Des conseils sur Instagram pour améliorer l'interaction avec nos followers
18 façons de gagner des followers sur Instagram gratuitement
Apprenez avec nous comment monétiser votre profil Instagram.
Sites web clés pour obtenir rapidement des followers sur Instagram
Tendances Instagram 2020
Guide 2020 : Comment devenir un youtuber
Comment devenir un Youtuber Gamer
2020 Hacks pour obtenir plus d'abonnés sur YouTube
Des astuces pour classer vos vidéos YouTube en 2020
Hack pour Youtube, changer le bouton Pause pour le bouton Abonnement

Un livre avec lequel vous verrez à la fois les aspects généraux et ce qu'il faut faire pour vivre du métier d'influenceur.

Nous abordons ouvertement des sujets tels que l'achat de followers, et les hacks pour améliorer l'interaction. Des stratégies BlackHat à portée de main, que la plupart des agences ou influenceurs n'osent pas reconnaître.

Chez Red Influencer, nous conseillons depuis plus de 5 ans des micro-influenceurs comme vous pour créer leur stratégie de contenu, améliorer leur portée et leur impact dans les réseaux.

Si vous voulez devenir un influenceur, ce livre est incontournable. Vous devrez développer des connaissances sur les plateformes, les stratégies, les audiences et comment atteindre une visibilité maximale et monétiser votre activité.

Nous avons de l'expérience avec les influenceurs de tous les âges et de tous les sujets, et vous pouvez en être un aussi.

Procurez-vous ce livre et commencez à appliquer les secrets professionnels pour gagner des followers et devenir un influenceur.

Il s'agit d'un guide pratique pour les influenceurs de niveau intermédiaire et avancé, qui ne voient pas les résultats attendus ou qui sont bloqués.

La stratégie et l'engagement sont des facteurs aussi importants que le volume d'abonnés, mais il existe des astuces pour les booster, dans ce guide vous en trouverez plusieurs.

Peu importe si vous voulez être un Youtuber, un Instagrammer ou un Tuitero, avec ces stratégies et ces clés, vous pourrez les appliquer à vos réseaux sociaux.

Nous savons qu'il n'est pas facile d'être un influenceur et nous ne vendons pas de la fumée comme les autres, tout ce que vous trouverez dans ce livre est la synthèse de nombreuses histoires de réussite qui sont passées par notre agence.

Le marketing d'influence est là pour rester, quoi qu'on en dise. Et il y a de plus en plus d'ambassadeurs de marque. Des personnes qui, comme vous, ont commencé à travailler sur leur marque personnelle et à cibler une niche spécifique.

Nous dévoilons en détail tous les secrets de ce secteur qui fait bouger des millions de personnes !

Vous pourrez appliquer nos conseils et astuces à vos stratégies de médias sociaux pour augmenter le CTR, améliorer la fidélité et disposer d'une stratégie de contenu solide à moyen et long terme.

Si d'autres ont réussi à monétiser avec persévérance, dévouement et originalité, vous le pouvez aussi !

Dans notre plateforme redinfluencer.com nous avons des milliers d'utilisateurs enregistrés. Un canal de contact à travers lequel vous pouvez offrir vos services dans un marché d'avis

pour les marques, et qui recevra des offres à votre email pé-
riodiquement.